AF335765

PAUL ET VIRGINIE,

BALLET-PANTOMIME,

EN TROIS ACTES,

DE M. GARDEL,

Maître des Ballets de S. M. L'Empereur et Roi;

Musique de M. *Kreutzer*, premier Violon de sa Chapelle;

Représenté devant Leurs Majestés sur le Théâtre de St.-Cloud, le jeudi 12 juin 1806.

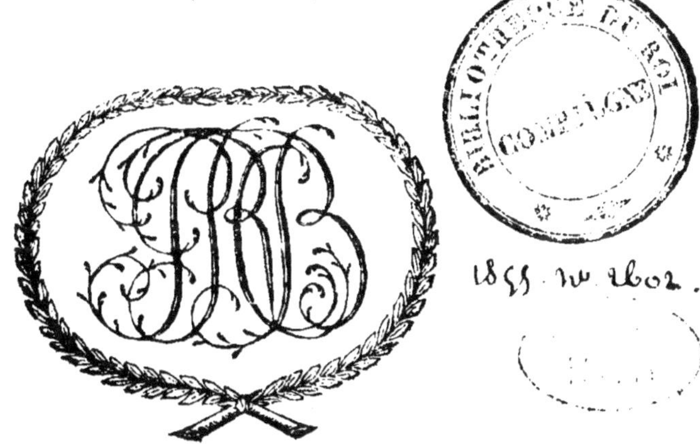

De l'Imprimerie de Ballard, Imprimeur de l'Académie impériale de Musique, rue J.-J. Rousseau, n°. 8.

1806.

A SA MAJESTÉ

L'IMPÉRATRICE REINE.

*M*ADAME,

En me permettant de dédier le ballet de *Paul* et *Virginie* à *Votre* *Majesté,* elle a daigné en assurer le succès le plus flatteur. *Si,* après avoir obtenu de *Votre* *Majesté* une faveur que je dois toute entière à ses bontés, cette faible production peut lui inspirer quelque intérêt, mes vœux les plus chers seront comblés.

Je suis avec une reconnaissance égale à mon profond respect,

Madame,

DE VOTRE MAJESTÉ,

Le très-humble, très-obéissant
et très-fidèle sujet,

GARDEL.

PERSONNAGES DANSANS.

NÈGRES.

MM. Beaupré, Beaulieu, Branchu.
Mlles. Chevigny, Delile, Millière.

AUTRES NÈGRES.

Mlle. Rivière.

MM. Dejazet, Verneuil, Maze.
Mlles. Boilay, Albedel, Jeanny.

NÈGRES-MARONS.

Mlle. Fanny.

MM. Petit, Guillet, Auguste.
Mlles. Athalie, Eugénie, Marellier aînée.

CRÉOLES-BLANCS.

MM. Péqueux, Lalande, Bretelle.
Mlles. Rosière, Pierret, Blondin.

Soldats de la suite du Gouverneur.

Joueurs d'instrumens, etc, etc.

PERSONNAGES.

Paul,	*M. St.-Amand.*
Virginie,	*M^{de}. Gardel.*
M^{de}. Delatour, mère de Virginie,	*Mlle. V. Saulnier.*
Marguerite, mère de Paul,	*Mlle. Saulnier.*
M. de la Bourdonnaye, Gouverneur de la colonie,	*M. Milon.*
Domingo, nègre,	*M. Vestris.*
Marie, négresse, femme de Domingo,	*Mlle. Bigottini.*
Le Pasteur,	*M. Lebel.*
Zabi, vieux nègre,	*M. Goyon.*
Dorval, colon blanc,	*M. Godefroy.*
Les deux enfans de Zabi,	*Mlle. Hullin.* / *Mlle. Mollard.*
Officiers de la suite du Gouverneur,	*M. Deschamps.* / *M. Seuriot.* / *M. Justin.*

La Scène se passe dans l'île de France.

PAUL ET VIRGINIE,

BALLET EN TROIS ACTES.

ACTE PREMIER.

Le théâtre représente l'habitation des mères de Paul et de Virginie. A gauche, et sur le devant, est la cabane de madame Delatour; à droite, un peu plus au fonds, est celle de Marguerite. Elle est moins grande et moins ornée que celle de madame Delatour. Le fonds est un bras de mer hérissé de rochers, dont un très-élevé, environné de petites îles dans le genre le plus pittoresque. Des dattiers sont placés çà et là. Les deux palmiers plantés le jour de la naissance de Paul et de Virginie se font voir devant les cabanes. Le reste du théâtre est garni agréablement de plantes, de fleurs et de fruits que l'île de France produit avec tant d'abondance.

SCÈNE PREMIÈRE.

L'ouverture peint le lever d'un beau jour; cependant quelques éclairs de chaleur brillent de tems en tems : un petit roulement de tonnerre très-éloigné se fait entendre, et semble annoncer que le jour ne se passera pas sans orage.

Au lever de la toile, on voit Paul et Virginie occupés à arroser le pied de leurs palmiers ; ils les regardent avec plaisir ; ils font voir que la crue de ces arbres a de l'analogie avec la leur. Le palmier de Paul est fort et robuste ; celui de Virginie est frais et délicat. Paul et Virginie se remettent au travail. Paul prévient tous les desirs de celle qu'il croit aimer en bon frère ; aussitôt que Virginie a vuidé son arrosoir et qu'elle l'a posé à terre pour arranger ses fleurs, Paul substitue le sien à celui de Virginie ; et quand elle le prend pour l'aller remplir, elle est toute surprise de se voir prévenue ; elle regarde son ami et fait voler un baiser qu'elle appuie sur ses doigts. Desire-t-elle quelqu'instrument aratoire, elle le trouve sous sa main ; enfin Paul évite à son aimable sœur tout ce qui peut lui causer de la fatigue. Virginie cueille un bouquet et l'attache au chapeau de Paul. Paul prend la main de Virginie et fait un mouvement qui décèle l'envie qu'il a de l'approcher de ses lèvres ; mais la modestie de Virginie lui fait entendre qu'elle n'y consent pas ; cependant il lui prend envie de manger une datte qu'elle apperçoit tout au haut d'un arbre ; elle dit à Paul qui, prenant un air boudeur, se jète sur un banc de gazon, que, s'il veut monter à l'arbre et lui donner cette datte, elle adhérera à son desir. Paul aussitôt parvient au sommet de l'arbre, mais il ne peut approcher du fruit. Virginie le plaisante : alors il s'avise d'un moyen ; il avance le pied sur la branche et pèse tellement dessus, qu'il la fait baisser jusqu'à Virginie, qui cueille la datte, la mange et se met à rire. Paul, sensiblement piqué, s'empare de la plus belle datte que Virginie n'a point vue ; il la met entre ses lèvres et descend de l'arbre en la montrant à Virginie. Elle accourt pour la prendre, mais Paul en la laissant tomber saisit la main de Virginie et la baise avec la plus vive ardeur.

SCÈNE II.

DOMINGO, qui de loin a vu tout ce jeu d'enfant, va chercher Marie, sa bonne mé-nagère ; et pendant que les jeunes amis sont assis et se disent mille choses jolies, il lui conte la scène dont il vient d'être témoin. Paul et Virginie qui le voient et l'entendent, affectent cependant de ne pas s'en appercevoir; mais au moment où Domingo prend la main de Marie pour la baiser, comme a fait Paul, ils se mettent entr'eux deux. Domingo et Marie paraissent embarrassés à l'excès; mais Paul et Virginie, toujours bons, ne les condamnent qu'à danser le *bamboula*, qu'ils aiment à la folie; Domingo et Marie obéissent. Lorsqu'ils ont fini, Paul et Virginie les prient de leur montrer cette danse : Domingo court chercher son *tamtam*, Marie son *triangle*, et s'asseyant sur leurs talons font danser ainsi Paul et Virginie au son de ces instrumens. Sur la fin du pas, les bons nègres se joignent à eux et la danse devient plus vive et plus gaie.

SCÈNE III.

MADAME Delatour et Marguerite sortent de leurs cabanes, et voient avec un plaisir indicible la joie de leurs enfans. Elles se placent derrière eux de manière que Paul et Virginie comptant terminer leur danse dans

les bras l'un de l'autre , se trouvent, non sans
surprise , dans ceux de leurs mères ; après le
petit moment d'étonnement que leur cause
la vue inattendue de madame Delatour et
de Marguerite , ils se jètent de nouveau dans
leurs bras et les serrent contre leur cœur.
Madame Delatour dit à ses enfans et à ses
bons serviteurs de tout préparer pour le repas
du matin. Ils sortent.

SCÈNE IV.

MADAME Delatour, profitant de ce moment,
dit à Marguerite que leurs enfans sont main-
tenant bien grands pour être livrés à eux-
mêmes ; que la nature peut changer cette
amitié fraternelle en un amour violent, et
qu'elle pense que la sagesse et la décence
exigent un prompt hymen. Marguerite représente à madame Delatour qu'ils sont encore
bien jeunes ; mais madame Delatour lui fait
voir que les palmiers marquent près de
vingt années, et Marguerite consent volontiers
au mariage. Pendant cette scène, Paul et
Virginie , Domingo et Marie apportent tout
ce qui est nécessaire au déjeuner. Paul et

Virginie paraissent bien desirer entendre ce que disent leurs mères, mais celles-ci ont soin de s'éloigner. Les jeunes gens se donnent mille marques d'amitié qui tiennent plus à l'enfance qu'à la passion; enfin, quand tout est prêt, madame Delatour se place à côté de Virginie, et Marguerite près de Paul. Domingo et Marie vont s'asseoir sur leurs talons, lorsqu'un bruit agréable d'instrumens champêtres vient frapper leurs oreilles.

SCÈNE V.

Domingo court, et revient vîte annoncer le Pasteur de l'île, voisin et ami intime de madame Delatour et de Marguerite. L'on ne tarde pas à le voir paraître; il est suivi d'une troupe de créoles, dont les uns portent des corbeilles de fruits, et les autres jouent de quelques instrumens. Le Pasteur prend les mains des jeunes amis avec un air de bonté; il salue madame Delatour et Marguerite, et les prie d'accepter les fruits qu'il vient de cueillir exprès dans son habitation. Ces dames acceptent volontiers et le font mettre à table avec elles; madame Delatour fait distribuer par Domingo des rafraîchissemens aux créoles. Ils boivent et demandent à leur maître la permission de danser pour amuser M^e. Delatour et *bons petits blancs*. Le Pasteur les y engage, et ils exécutent une danse tout-à-fait extraordinaire; ensuite Paul se lève de table, appèle Virginie, quelques couples de créoles, et ils exécutent ensemble une danse du pays.

La danse devient générale et dure jusqu'à la fin du déjeûner.

Madame Delatour et Marguerite prennent à part le Pasteur, et lui font entendre qu'elles desirent lui communiquer un projet qu'elles ont formé ; elles l'invitent à entrer chez madame Delatour. Le Pasteur congédie ses créoles, qui partent en dansant. Madame Delatour, Marguerite et le Pasteur rentrent en faisant signe à Paul et Virginie de les attendre un instant. Domingo et Marie ôtent les débris du repas.

SCÈNE VI.

PAUL et Virginie restés seuls se questionnent ; ils paraissent étonnés des secrets que l'on semble avoir pour eux ; cela les afflige et ils sont prêts à pleurer lorsqu'ils entendent des cris plaintifs , et qu'ils voient venir un vieux nègre, suivi de deux enfans effrayés.

SCÈNE VII.

ZABI, (c'est le nom du nègre) paraît harrassé de fatigue , meurtri par de mauvais traitemens, et au comble du desespoir. Il se jète aux pieds de Paul et Virginie; ses enfans l'imitent. Paul et Virginie s'empressent de le relever; ils le mettent sur un siège et lui demandent quels sont les malheurs qui l'affligent. Zabi fait entendre que son maître l'avait vendu au Gouverneur; qu'il voulait le séparer de ses enfans qu'il adore, et que maltraité, frappé même par ce maître méchant qui le poursuit, il s'est sauvé, préférant mille fois la mort à la douleur d'abandonner ses enfans. Zabi se jète de nouveau aux pieds de Paul et Virginie pour les supplier de prendre sa défense. Paul lui dit avec la vivacité d'un cœur bouillant et bon, de le conduire à son maître. Virginie veut suivre son frère, et ils ont déjà fait vingt pas lorsqu'ils s'apperçoivent que le vieux nègre cherche à porter ses en-

fans qui ne peuvent plus marcher ; ils reviennent d'une manière spontanée, en prennent
chacun un sur un de leurs bras, et de l'autre
ils soutiennent Zabi, qui verse des larmes
de reconnaissance : ce grouppe intéressant
s'éloigne.

SCÈNE VIII.

MADAME Delatour revient avec le Pasteur
et Marguerite ; ils rappèlent de nouveau
ce dont ils sont convenus pour les nôces de
leurs chers enfans. Le Pasteur doit se charger
de prévenir tous les habitans des environs ;
il montre qu'il sera de retour au moment où
le soleil arrive derrière les montagnes : après
avoir salué ces dames qui l'accompagnent
jusqu'au fonds du théâtre, il disparaît.

SCÈNE IX.

MADAME Delatour et Marguerite reviennent enchantées, et jouissant d'avance du
plaisir qu'elles vont faire à leurs chers enfans.
Elles se donnent la main, s'embrassent et les

appèlent; mais au lieu de Paul et de Virginie, elles voient entrer Domingo très-précipitam- ment.

SCÈNE X.

Il vient prévenir madame Delatour que le Gouverneur arrive, suivi d'un grand nombre d'officiers, de soldats et d'esclaves portant des malles. Madame Delatour paraît surprise et très-embarrassée; elle cherche à pénétrer le motif qui peut amener jusque chez elle le Gouverneur. Enfin le tambour se fait en- tendre, et le Gouverneur et sa suite parais- sent. Madame Delatour ordonne à Domingo d'appeler ses enfans.

SCÈNE XI.

Monsieur de la Bourdonnaye aborde affec- tueusement madame Delatour, et, en lui remettant une lettre arrivée de France, il lui fait entendre qu'il est chargé de faire ac- cepter à Virginie les présens que contiennent les malles, et un sac d'argent qu'il fait déposer sur la table. Madame Delatour ouvre la lettre;

et pendant qu'elle la lit , le Gouverneur semble chercher Virginie. Marguerite porte ses regards inquiets sur son amie. Domingo et Marie la regardent avec la plus expressive attention. Les yeux de madame Delatour se remplissent de larmes , son sein palpite , sa figure change , tout annonce que la force l'abandonne , et elle tombe enfin sans connaissance dans les bras de Marguerite , de Domingo et de Marie. Le Gouverneur inquiet de l'état où il voit madame Delatour , s'empresse de lui faire donner des secours : tout le monde l'entoure, on l'assied , on lui apporte de l'eau, et petit-à-petit on la rappèle à la vie. Elle ouvre les yeux et les porte de tous côtés ; elle a l'air de ne se rappeler de rien : tout l'étonne , ces soldats , ce Gouverneur , ces amis allarmés.... Elle se dispose à faire des questions, lorsque voyant à terre la lettre de madame de St.-Phard , elle retrouve toutes ses idées et tous ses malheurs. Le Gouverneur la console , lui rappèle sa misère avec les ménagemens qu'on doit à l'infortune , lui fait sentir le grand bien que le voyage de Virginie doit lui procurer, la fortune brillante qu'il lui assurera , et enfin le soulagement qu'elle et ses amis en doivent attendre. Mais que font les raisons d'intérêt dans le cœur ulcéré d'une mère tendre ? elles augmentent ses peines et font couler plus abondamment ses larmes. Domingo, Marie, Marguerite, et madame Delatour, en versent de bien amères. M. de la Bourdonnaye ne voulant point abuser d'un moment aussi douloureux, engage encore madame Delatour à bien réfléchir sur le bonheur de sa fille, et conséquemment sur celui qu'elle-même a droit d'espérer : il lui dit qu'au jour tombant il reviendra, que le vaisseau sera prêt, qu'elle peut confier Virginie à une de ses parentes qui doit s'embarquer pour la France, et qu'il espère qu'elle ne le contraindra pas à employer la force pour une chose qui n'exige que de la douceur et de la raison. Il prend congé de madame Delatour, et l'invite à s'occuper des mesures nécessaires pour le voyage de Virginie : madame Delatour se lève pour le reconduire; mais en homme qui sait respecter le malheur, il la conjure de rester. Il sort avec sa suite, en montrant combien il souffre des larmes qu'il fait verser.

SCÈNE XII.

Madame Delatour retombe sur son siège, accablée de chagrin. Domingo pleure, la tête appuyée sur la table ; Marie, aux pieds de sa maîtresse ; et Marguerite reste dans une espèce d'anéantissement. Aucun d'eux n'ose regarder l'autre, et les sanglots les oppressent. Madame Delatour pourtant lève les bras au ciel, comme pour se plaindre de la rigueur de son sort : ce geste est différemment compris par Marguerite, Domingo et Marie ; ils volent vers elle et la tiennent étroitement embrassée. Comment apprendre ce malheur à ces chers enfans ? où sont-ils ? qui peut les éloigner ? Allez, Domingo ; allez, Marie ; cherchez Virginie, cherchez Paul.... Domingo et Marie regardent partout ; mais le tems se couvre, l'éclair brille, le tonnerre roule, la pluie tombe et force madame Delatour et Marguerite à rentrer ; elles ne se retirent qu'avec la certitude que Domingo cherchera ses jeunes maîtres. Domingo le promet, elles rentrent.

SCÈNE XIII.

Dᴏᴍɪɴɢᴏ ne sait de quel côté porter ses pas, il court à droite, il court à gauche, il marque la plus excessive incertitude. Il entend son chien aboyer (1), cela lui donne une idée qui peut l'aider dans la recherche de Paul qu'il vient de promettre : cette idée est de lui faire flairer un des vêtemens de Paul, qu'il va chercher aussitôt. Il revient enchanté de son expédient. Il sort enfin avec la plus grande rapidité pour le mettre à exécution.

(1) Le bon *fidèle*, si connu dans le roman de Paul et Virginie.

Fɪɴ ᴅᴜ ᴘʀᴇᴍɪᴇʀ Aᴄᴛᴇ.

ACTE SECOND.

Le Théâtre représente une Forêt ; des Montagnes excessivement hautes se font voir dans le fonds.

SCÈNE PREMIÈRE.

Dorval, Colon blanc, et maître de Zabi, paraît sur la montagne, suivi de plusieurs valets, esclaves noirs. Ils se repandent sur la scène, et semblent chercher. Il est inutile de dire que le pauvre Zabi est l'objet de leur recherche. Dorval, d'un air dur, les questionne, pour savoir s'ils ignorent véritablement le lieu de la retraite de son déserteur, et proteste qu'il punira le mensonge. Ils assurent, par des gestes positifs qu'ils l'ignorent absolument ; alors Dorval les sépare, les fait courir de tous côtés ; et, après avoir marqué toute sa colère contre Zabi, il continue lui-même sa recherche.

SCÈNE II.

Le morceau de musique, qui a servi au départ de Paul, de Virginie, du vieux Nègre et de ses petits enfans, se fait entendre de nouveau; mais le grouppe est changé. Le bon Nègre et Virginie sont tellement fatigués, que Paul a placé un enfant sur chacune de ses épaules; et, de ses bras vigoureux, il soutient sa chère Virginie et son vieux protégé : c'est ainsi qu'il paraît. Il demande le chemin à Zabi, qui, par un geste, le lui indique. Paul veut continuer; mais Zabi et Virginie sont si cruellement harrassés, qu'ils conjurent Paul de s'arréter un instant. Paul y souscrit à regret, mais il en sent bientôt lui-même la nécessité. Le pauvre Zabi tombe de faiblesse; et l'on reconnaît aisément, par ses gestes, que le manque de nourriture en est cause. Ses enfans effrayés pleurent sur le corps de ce bon vieux nègre. Ce tableau fait oublier à Virginie toutes ses fatigues. Elle serre Paul dans ses bras, et le prie de chercher sur quelques arbres de quoi rafraîchir ces pauvres infortunés. Paul , dont le cœur est excellent, et prié par Virginie, ne lui donne pas le tems d'achever; il est déjà sur la plus haute montagne, pour découvrir quelques fruits; il fait entendre qu'il a trouvé ce que desire sa chère Virginie, et il court à perdre haleine. Virginie, de son côté, ne perd pas un instant; sa bonté lui donne des aîles; elle a déjà découvert une petite source, et elle en rapporte, dans ses mains, une eau limpide qu'elle fait prendre au pauvre Zabi. Le bon vieux nègre revient assez pour bien remercier *bonne petite blanche;* et ses enfans baisent tendrement les mains qui viennent de sauver leur père. L'un d'eux fait remarquer à Virginie qu'une marche forcée a blessé les pieds de son père. Virginie aussitôt cueille plusieurs larges feuilles, qu'elle applique sur le mal, avec une bonté qui n'appartient qu'à un cœur pur comme le sien. Paul revient, apportant autant de dattes et de cocos que ses mains peuvent en contenir, et le tableau qu'il voit le touche au point qu'il laisse tomber quelques larmes et ses provisions. Les enfans ramassent ces fruits et s'empressent de les porter à leur père. Zabi en mange avec avidité, et les enfans l'imitent. Paul et Virginie, se tenant tous deux un bras sur

l'épaule , regardent ce tableau avec attendris-
sement. Ils semblent s'en féliciter et se dire
mutuellement : *Voilà ton ouvrage.* Mais ce
moment de jouissance n'est pas de longue
durée ! une musique bruyante annonce l'arrivée de Dorval.

SCÈNE III.

Zabi court dans un coin et se jette à genoux
en joignant ses deux mains ; ses enfans, à
genoux devant lui , mettent le front à terre.
Virginie se met devant eux , et Paul arrache
une branche d'arbre pour les défendre. Dorval , étonné de la hardiesse de ce jeune homme,
ordonne à ses esclaves de le désarmer. Paul
veut se battre tout seul contre tous ; mais
le nombre l'accable , et son impuissance le
met au désespoir. Virginie s'approche de
Dorval ; elle le prie , le conjure d'être bon,
elle lui dit : *Je suis Virginie , voilà Paul,
mon frère.* Dorval la regarde avec moins de
colère. Paul s'en apperçoit et témoigne à Virginie son mécontentement ; mais Virginie
n'écoute que son cœur. Elle montre à Dorval ce père malheureux, ces enfans tremblans.

Elle pleure; elle en est plus séduisante; enfin, rien ne lui coûte pour sauver des infortunés. Elle se jète aux genoux de Dorval, qui, touché et attendri, lui accorde le pardon de Zabi, et la promesse de ne pas le séparer de ses enfans. Ensuite, il tend les bras à Paul et à Virginie, qui l'embrassent. Zabi et ses enfans sont au comble de la joie et baisent les vétemens de Virginie. Dorval, sa suite et Zabi les quittent, en leur souhaitant toutes sortes de bénédictions.

SCÈNE IV.

Paul et Virginie font voir de quel poids ils sont soulagés; jamais ils n'ont paru éprouver une aussi vive jouissance. Le plaisir qu'ils ressentent est une sorte de délire; ils se prennent les mains, se serrent dans leurs bras, s'éloignent pour remercier Dieu de les avoir mis à portée de faire une bonne action; ils se rapprochent et se serrent de nouveau. Paul, profitant de ce moment de délire, appuie ses lèvres sur le front de Virginie. Virginie se recule, met la main sur son cœur, rougit, paraît embarrassée, émue, agitée, et ses yeux n'osent plus se porter sur son frère. Paul, effrayé, la regarde, et ne sait à quoi attribuer ce changement subit ; il s'approche doucement ; Virginie s'éloigne, porte ses yeux de tous côtés, et semble dire : *Où est ma mère ?* Paul aussi se rappèle qu'ils sont bien loin de leur habitation ; il se peint les inquiétudes qu'ils doivent avoir causé à leurs mères, et il veut emmener Virginie ; mais la pauvre Virginie ressent en ce moment toutes ses fatigues, et ne peut absolument se soutenir. Paul est au désespoir ; il gravit la plus haute montagne ; il appèle du secours ; mais c'est inutilement. Il revient à Virginie, veut la porter sur ses épaules. Virginie refuse ; Paul se jète à genoux, et prie Dieu de le tirer d'une aussi cruelle position. Au même moment, la voix de Fidèle se fait entendre de loin. Paul et Virginie écoutent avec attention..... Après un instant de silence, le même bruit se fait entendre de plus près, et ne laisse plus de doute que l'on ne vienne au secours des pauvres égarés. Paul et Virginie sont enchantés.

SCÈNE V.

En effet, Domingo paraît tout essoufflé, portant avec lui un panier de provisions ; il veut conter son aventure ; mais le plaisir de revoir ses maîtres, la fatigue, la chaleur, lui ôtent tous moyens. Virginie, de son mouchoir, essuie le frond du bon Domingo, et Paul lui fait prendre d'une liqueur que Domingo a lui-même apportée ; enfin, il se remet ; et après avoir baisé les mains de ses chers maîtres, il dit comment il a fait pour découvrir le chemin qu'ils avaient pris ; ensuite, il peint à Paul et à Virginie le chagrin, l'inquiétude de madame Delatour et de Marguerite, les larmes que leur absence leur a fait verser. Il parle du Gouverneur, des présens qui attendent Virginie ; mais il a soin de cacher le funeste voyage. Virginie est enchantée : l'idée qu'elle pourra faire des heureux la ravit ; mais il faut partir, il faut aller consoler ces mères chéries… Virginie ne peut se soutenir ; Paul, Domingo ne peuvent la porter : la pluie a tellement grossi la rivière qu'il est bien difficile de la passer. Domingo et Paul cherchent les moyens praticables; c'est en vain : leurs recherches ne font qu'augmenter leur embarras, et le chagrin est prêt à s'emparer d'eux; mais le Dieu qui veille sans cesse sur les bons, vient encore à leur secours.

SCÈNE VI.

LE vieux Zabi et ses enfans, par reconnaissance, arrivent avec une troupe de nègres de tout âge; ils ont formé, avec des branches d'arbres, une espèce de brancard, couvert et orné de fleurs; ils le posent au milieu du théâtre. Le vieux Zabi y place Virgine; et après avoir dansé autour d'elle, en lui donnant mille marques de gratitude, ils veulent l'emporter; mais Virginie desire avoir les enfans de Zabi; elle les place à côté d'elle; et alors quelques nègres les emportent, et les autres forment le cortège en dansant.

FIN DU SECOND ACTE.

ACTE TROISIÈME.

Le Théâtre représente la même décoration du premier Acte, avec la différence que quelques arbres cassés par l'orage laissent mieux découvrir le fonds.

· SCÈNE PREMIÈRE.

MARIE, envoyée par madame Delatour, pour voir si ses enfans reviennent, sort de sa cabane; elle porte ses pas et ses yeux de tous côtés; mais rien ne se présente, et son chagrin est au comble.

SCÈNE II.

MADAME Delatour et Marguerite viennent au-devant de la réponse qu'elles attendent, et jugent par la tristesse de Marie qu'elle n'est pas selon leurs vœux; elles ordonnent à Marie d'aller à la découverte. Marie s'éloigne.

SCÈNE III.

Madame Delatour, tenant toujours la lettre fatale, fait relire à Marguerite les brillantes promesses de madame de Saint-Phard, et l'avenir heureux qu'elles présagent. Marguerite convient que l'avenir est beau, mais que le présent est cruel : l'idée de la séparation est affreuse. Madame Delatour le sent si bien que le cœur lui manque, et que, baissant sa tête dans ses mains, elle pleure amèrement. Cependant, des chants d'allégresse se font entendre.

SCÈNE IV.

Marie accourt et annonce l'arrivée de Paul, de Virginie, et d'une nombreuse troupe de nègres et de créoles : madame Delatour et Marguerite vont au-devant d'eux ; et le cortège parti de la forêt, arrive au milieu de l'habitation de madame Delatour et de Marguerite : il dépose son précieux fardeau, et tous essuient la sueur dont ils sont couverts.

Paul et Virginie embrassent leurs mères tendrement : celles-ci veulent leur faire quelques reproches; mais lorsque Virginie a expliqué, en montrant Zabi et ses enfans, le motif de son absence, ces bonnes mères les pressent sur leur cœur ; tous les nègres se reposent assis sur leurs talons : Paul, Domingo et Marie leur servent à boire. Madame Delatour fait apporter à Virginie les malles et le sac d'argent que le Gouverneur est venu leur offrir de la part de madame de St.-Phard. Virginie commence par donner le sac à sa mère, ensuite elle prend dans les malles de précieux vêtemens qu'elle donne à Marguerite : Paul n'est point oublié; Domingo et Marie reçoivent aussi des marques de la générosité de Virginie. Elle trouve dans l'une des malles plusieurs tambours de basque; elle en prend un pour elle, et en distribue d'autres à quelques créoles : Virginie joue de cet instrument, et les créoles dansent. Ceux-ci à leur tour la font danser au son des leurs ; mais-cette danse, qui amuse singulièrement les nègres, perce le cœur de madame Delatour, de Marguerite, de Domingo et de Marie; enfin madame Delatour fait un signe à Marguerite qui emmène son fils dans sa cabane pour l'instruire du malheur qui l'attend. Madame Delatour dit à Virginie qu'elle veut lui parler en particulier : Virginie est prête à suivre sa mère, mais avant elle prie Domingo et Marie de distribuer toutes sortes de petits cadeaux aux bons nègres qui l'ont ramenée.

***

SCÈNE V.

Après que Domingo et Marie se sont acquittés de cette commission, les nègres exécutent plusieurs danses en peignant leur surprise à la vue d'un miroir et autres bagatelles inconnues à ces peuples : ils saluent Domingo et Marie, et s'en retournent en bondissant et en dansant.

***

SCÈNE VI.

Paul, hors de lui, égaré, au désespoir, sort de la cabane ; il est suivi de sa mère qui fond en larmes : il veut aller accabler madame Delatour de reproches. Domingo, Marie et sa mère se mettent audevant de lui et font tous leurs efforts pour l'arrêter ; mais ils sont impuissans, et Paul entre dans la cabane de madame Delatour. Marguerite est désolée ; Paul revient bientôt tenant madame Delatour et Virginie qu'il amène sur l'avant-scène. Toutes deux les yeux vers le ciel restent immobiles ; Paul les regarde les sourcils froncés, les mains croisées sur sa poitrine. Marguerite, Domingo et Marie, différemment grouppés, sont expressivement attentifs ; un silence absolu jète la terreur dans leur ame. Paul enfin rompt le silence : il demande à madame Delatour comment elle peut consentir à laisser errer sa fille sur les mers ? comment l'intérêt peut l'emporter sur l'amour maternel ? Il lui dit : voulez-vous donc voir mourir Paul ? et les pleurs inondent son visage. Virginie, sa mère, Marguerite, Domingo et Marie l'entourent et cherchent à le consoler : soins inutiles ! il reste absorbé..... Cependant il lui vient une idée qui semble le calmer ; tout le monde l'observe. Il rentre dans la cabane de sa mère ; l'on est inquiet, l'on engage Domingo à le suivre ; mais bientôt il revient habillé et prêt à partir. Il fait entendre que rien ne l'empêchera de suivre sa chère Virginie, que par ce moyen du moins il éloignera d'elle les dangers, rassurera son amie, adoucira ses peines ; enfin cette idée lui rend la tranquillité. Quoi, vous m'abandonnerez, lui dit Marguerite ? Qui, me consolera ? dit madame Delatour. Domingo lui fait entendre que restant seul, l'âge bientôt le privera du bonheur de se rendre utile. Par ces considérations l'on parvient un peu à l'attendrir ; mais le tambour qui se fait entendre de loin et qui annonce l'arrivée du Gouverneur, lui rend tout son égarement. Virginie, madame Delatour, Marguerite, Domingo et Marie, accablés par ce retour, se soutiennent à peine.

SCÈNE VII.

Le Gouverneur, précédé de ses troupes, se présente à madame Delatour, et cherche à la consoler du chagrin qu'elle ressent. Paul se jète à ses pieds et demande la faveur d'accompagner Virginie. Le Gouverneur ne peut y consentir : eh bien ! dit Paul, qu'on vienne l'arracher de mes bras !.... Un coup de canon se fait entendre et annonce le départ prochain du vaisseau : ce bruit pénètre promptement le cœur de ces malheureux. Le Gouverneur engage, avec tous les égards imaginables, Virginie à le suivre, mais Paul l'arrache de ses mains; le canon redouble, le Gouverneur fait saisir Paul, s'empare de Virginie, madame Delatour tombe dans les bras de Marie et de Domingo qui la portent dans sa cabane. Le canon se fait toujours entendre; Paul reste sans connaissance: Marguerite se jète sur lui; Virginie tend les bras à Paul, elle est ainsi entraînee. Paul et Marguerite restent seuls sur la scène, et le bruit diminue progressivement.

SCÈNE VIII.

Du côté opposé à celui d'où vient de sortir tout le monde, les sons les plus agréables et les plus gais se font entendre. L'on voit arriver en dansant le Pasteur, accompagné de tous les habitans des environs; hommes, femmes, enfans de toutes couleurs, portant des fleurs, des chiffres, des instrumens et des devises entourés de guirlandes. Ils arrivent, se placent convenablement, et en dansant sur le théâtre. Le Pasteur leur fait signe d'attendre, parce qu'il veut avertir madame Delatour; il jouit d'avance du bonheur qu'il apporte; mais Mar-

guerite l'appèle et lui montre le malheureux
Paul, sans connaissance.... Le Pasteur reste
immobile. Qu'est-il donc arrivé, dit-il ? Marguerite ne pense qu'à son fils, et ne peut en ce
moment que le secourir. Le Pasteur se joint à
elle. Paul ouvre les yeux, se lève, apperçoit
le Pasteur, sa mère, et cherche Virginie. Dieu !
quelle est sa surprise en voyant les appréts
d'une nôce, et lisant cette sorte de légende :

MARIAGE DE PAUL ET DE VIRGINIE.

Plus loin cette autre :

QU'ILS SOIENT HEUREUX COMME ILS LE
MÉRITENT ! etc. etc.

Son étonnement ne peut se peindre ; il croit
rêver ; il questionne le Pasteur, qui lui dit
que c'est lui qui était chargé par madame
Delatour et par Marguerite de tout préparer
pour son mariage avec Virginie, arrêté pour
l'heure même... A cette nouvelle, les maux,
les chagrins et le désespoir de Paul ont atteint
le dernier période ; les sanglots le suffoquent,
et il est à craindre qu'il ne succombe à sa
douleur. Mais souvent un mal se guérit par
un mal plus grand : des signes non équivoques

annoncent un orage , un orage affreux ! Le
ciel paraît en feu , et la tempête se manifeste
violemment. Paul , distrait par ce nouveau
malheur , monte sur le rocher le plus élevé ;
il apperçoit un vaisseau ; la générale bat , le
canon d'allarme se tire , le Gouverneur arrive
avec ses troupes , il voit le vaisseau et fait
tirer tous ses soldats ensemble. Le vaisseau
répond par le canon de détresse ; l'on apporte
des flambeaux , des cables , et tout ce qui peut
aider à sauver des malheureux naufragés.
Le vaisseau paraît et donne contre un rocher :
il fait eau. Virginie se fait voir sur le pont.
Un nègre est à ses pieds, qui la supplie de
se laisser sauver par lui ; mais elle refuse. Paul
se jète à la mer. Domingo qui arrive , le voit,
le suit ; et bientôt Paul , Domingo et le vieux
Zabi ramènent Virginie évanouie. Marguerite,
qui revoit ses enfans, court en prévenir madame Delatour. Le tems redevient serein.
Virginie reprend ses sens ; elle se précipite
dans les bras de son cher Paul ; et les deux
mères les tiennent étroitement embrassés.
Tous les assistans s'empressent de rendre gra-
ces à l'Éternel d'avoir sauvé des créatures aussi
intéressantes ; et M. de la Bourdonnaye jure
de ne plus laisser partir Virginie , d'assurer

sa fortune , et de la marier à son digne ami. Il se forme un grouppe général , et la toile tombe.

F I N.

Nota. Si je termine ainsi ce Ballet, c'est que le théâtre de Saint-Coud, pour lequel il a été composé, ne me permet pas de conclure le mariage de Paul et de Virginie, tel que je l'ai conçu. Il me semble que le Gouverneur le voulant faire dans son château ou dans ses jardins, cette fête peut offrir, par la multiplicité d'étrangers, et par conséquent de différens genres de danse, un spectacle magnifique.